INSECTOS FASCINANTES

Las polillas

Aaron Carr

Visita nuestro sitio **www.av2books.com** e ingresa el código único del libro.
Go to www.av2books.com, and enter this book's unique code.

CÓDIGO DEL LIBRO
BOOK CODE

D 4 9 9 3 8 4

AV² de Weigl te ofrece enriquecidos libros electrónicos que favorecen el aprendizaje activo.
AV² by Weigl brings you media enhanced books that support active learning.

El enriquecido libro electrónico AV² te ofrece una experiencia bilingüe completa entre el inglés y el español para aprender el vocabulario de los dos idiomas.

This AV² media enhanced book gives you a fully bilingual experience between English and Spanish to learn the vocabulary of both languages.

Spanish

English

Navegación bilingüe AV²
AV² Bilingual Navigation

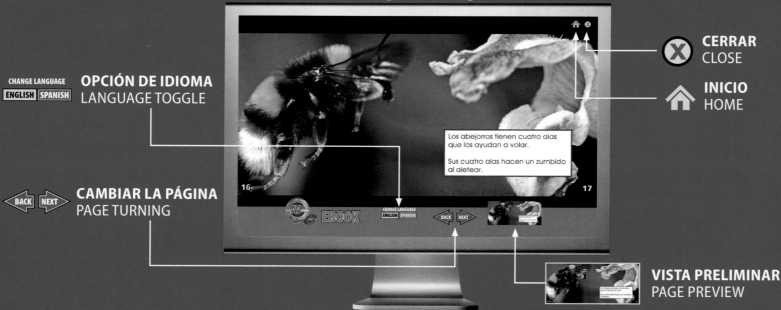

CHANGE LANGUAGE
ENGLISH SPANISH

OPCIÓN DE IDIOMA
LANGUAGE TOGGLE

CAMBIAR LA PÁGINA
PAGE TURNING

BACK NEXT

Los abejorros tienen cuatro alas que los ayudan a volar.

Sus cuatro alas hacen un zumbido al aletear.

CERRAR
CLOSE

INICIO
HOME

VISTA PRELIMINAR
PAGE PREVIEW

2

Las polillas

ÍNDICE

Esta es la polilla.

Las polillas son insectos voladores que se parecen a las mariposas.

En la mayor parte del mundo
hay polillas.

En la mayor parte del mundo,
las polillas viven en áreas boscosas.

7

Las polillas nacen de huevos.

Cuando salen del huevo, las polillas son como gusanos largos y peludos.

Cuando son jóvenes, se las suele llamar orugas.

Cuando son jóvenes, las orugas pasan la mayor parte del tiempo comiendo.

Las orugas de polilla se envuelven en un saco de seda llamado capullo.

Dentro del saco de seda llamado capullo, las orugas crecen y se convierten en polillas adultas.

Las polillas tienen cuatro alas cuando son adultas.

Cuando son adultas, las polillas usan sus alas para volar y ocultarse de otros animales.

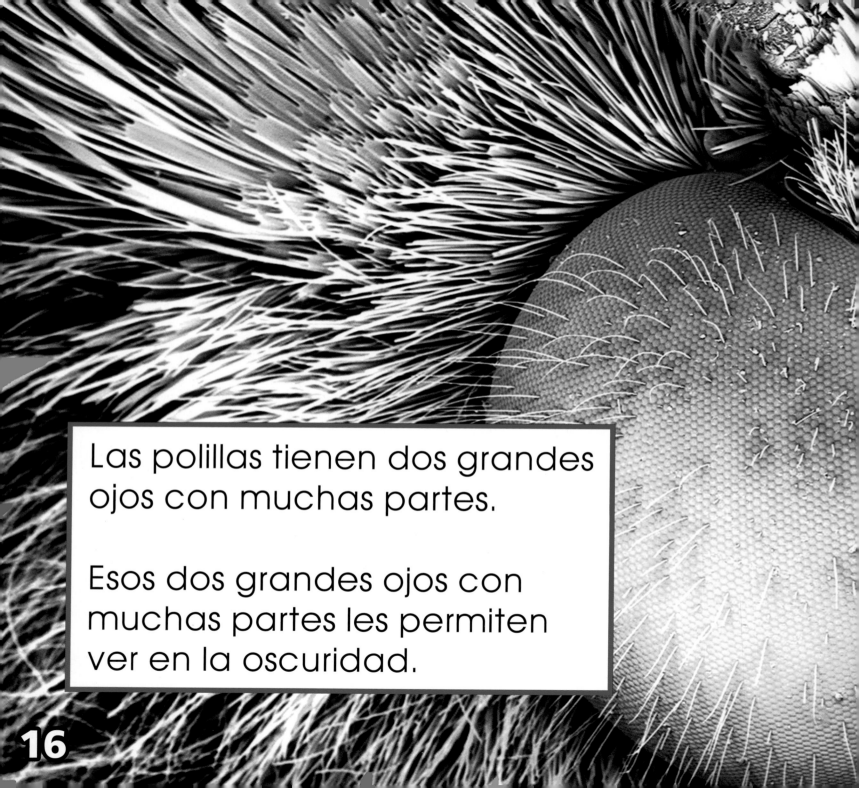

Las polillas tienen dos grandes ojos con muchas partes.

Esos dos grandes ojos con muchas partes les permiten ver en la oscuridad.

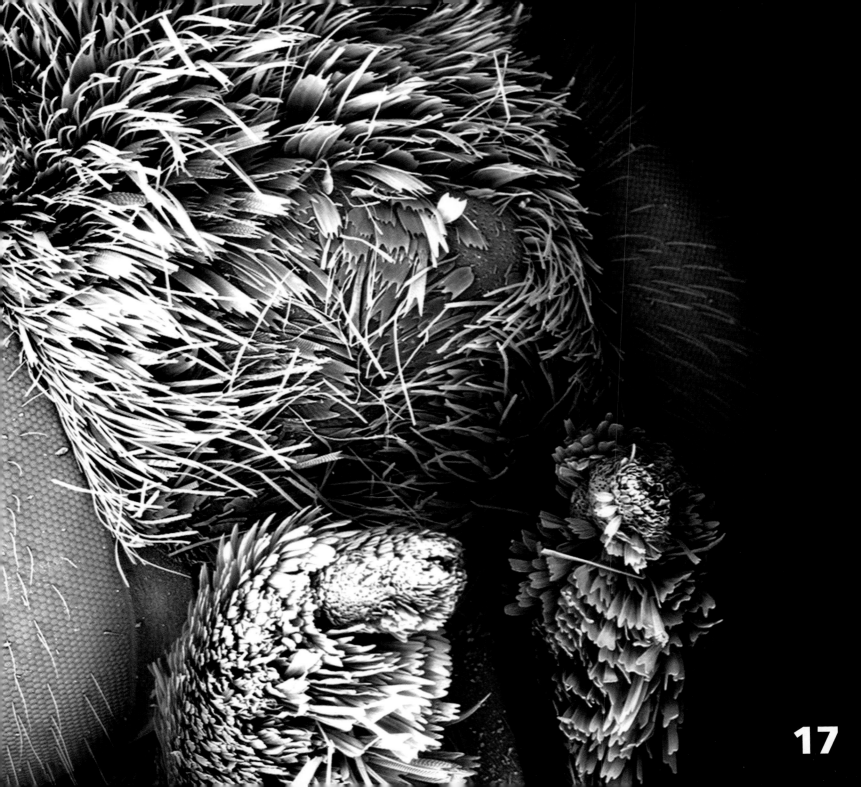

Las polillas tienen una lengua muy larga.

Usan su larga lengua para encontrar comida en las flores.

Las polillas son importantes para la naturaleza.

En la naturaleza, las polillas transportan el polen entre las flores. Eso ayuda a que crezcan nuevas flores.

21

DATOS SOBRE LAS POLILLAS

Estas páginas contienen más detalles sobre los interesantes datos de este libro. Están dirigidas a los adultos, como soporte, para que ayuden a los jóvenes lectores a redondear sus conocimientos sobre cada insecto y arácnido presentado en la serie *Insectos Fascinantes*.

Páginas 4–5

Las polillas son insectos voladores que se parecen a las mariposas. Los insectos son pequeños animales con seis patas, cuerpo segmentado y un armazón exterior duro llamado exoesqueleto. Las polillas pertenecen al orden de los lepidópteros, al que también pertenecen las mariposas. Hay más de 150.000 especies de polillas. Su envergadura alar varía desde 0,16 pulgadas (4 milímetros) hasta casi 1 pie (30 centímetros). La mayoría de las polillas son nocturnas, o activas durante la noche.

Páginas 6–7

En casi todo el mundo hay polillas. Hay polillas en todos los continentes menos en la Antártida. Las polillas se han adaptado a vivir en una gran variedad de ambientes, como bosques, pantanos, matorrales, chaparrales, montañas, desiertos e incluso en las tundras cercanas al Ártico. Algunas especies se limitan a áreas más reducidas, mientras que otras se diseminan por todos los continentes. La mayoría de los tipos de polillas se encuentran en áreas tropicales como en las selvas tropicales.

Páginas 8–9

Las polillas nacen de huevos. Al igual que las mariposas, las polillas pasan por cuatro etapas de desarrollo al crecer: huevo, larva, pupa y adulta. Poco después de aparearse, las polillas hembras comienzan a poner huevos. Dependiendo de la especie, pueden poner cientos y hasta miles de huevos de una sola vez. La mayoría de las polillas pone sus huevos sobre o cerca de las plantas que las crías necesitarán para comer cuando nazcan.

Páginas 10–11

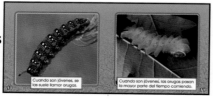

Las polillas se llaman orugas cuando son jóvenes. En la etapa larval, o de oruga, las polillas pasan la mayor parte del tiempo comiendo. Esto les da la energía que necesitan para crecer y prepararse para pupar. A medida que crecen, las orugas cambian su piel unas cuatro o cinco veces. Esto se llama muda. La mayoría de las orugas no abandona la planta donde nació. Las orugas no tienen ojos de verdad, sino pequeños ojos simples que solo pueden detectar diferencias en la luz y la oscuridad.

Páginas 12–13

Las orugas de polilla se envuelven en un saco de seda llamado capullo.

Dentro del saco de seda llamado capullo, las orugas crecen y se convierten en polillas adultas.

Muchas orugas se envuelven en un saco de seda llamado capullo. Cuando están listas para entrar en la etapa pupal, las orugas tejen un capullo de seda a su alrededor. Dentro del capullo, la pupa atraviesa un proceso de cambios llamado metamorfosis. Durante esta etapa, la pupa se convierte en polilla adulta, llamada imago. Algunos tipos de polillas se introducen en la tierra durante esta etapa, mientras que otros se esconden bajo las hojas o la corteza de los árboles.

Páginas 14–15

Las polillas tienen cuatro alas cuando son adultas.

Cuando son adultas, las polillas usan sus alas para volar y ocultarse de otros animales.

Las polillas tienen cuatro alas cuando son adultas. Las polillas adultas tienen dos grandes alas delanteras y dos alas traseras más pequeñas. En muchas, el borde inferior de las alas delanteras tiene unas cerdas que se conectan con las alas traseras, lo que las hace funcionar como una sola ala. Los colores y dibujos de las alas provienen de las diminutas escamas y pelos que recubren las alas. Además de volar, los colores de las alas también las ayudan a camuflarse con las plantas de su entorno.

Páginas 16–17

Las polillas tienen dos grandes ojos con muchas partes.

Esos dos grandes ojos con muchas partes les permiten ver en la oscuridad.

Las polillas tienen dos grandes ojos con muchas partes. Tienen dos grandes ojos compuestos que pueden estar formados por hasta miles de ojos individuales, llamados omatidios. Estos ojos les permiten detectar movimiento pero las polillas no pueden ver objetos a la distancia con claridad. La mayoría de las polillas tiene ojos simples, u ocelos. En lugar de formar imágenes, estos ojos las ayudan a detectar diferencias en la luz y la oscuridad.

Páginas 18–19

Las polillas tienen una lengua muy larga.

Usan su larga lengua para encontrar comida en las flores.

Las polillas tienen una lengua muy larga. La lengua de la polilla se llama probóscide. Cuando no la usa, la enrolla hacia arriba casi hasta la cabeza. Cuando la usa, la probóscide se estira y funciona como un sorbete. Esto permite a las polillas succionar líquidos, como el néctar de las flores. Esta es la única forma en que se alimentan las polillas adultas. A diferencia de las orugas, la mayoría de las polillas imago no tiene boca. Algunas ni siquiera tienen una probóscide activa. Estas polillas solo comen durante la etapa larval.

Páginas 20–21

Las polillas son importantes para la naturaleza.

En la naturaleza, las polillas transportan el polen entre las flores. Eso ayuda a que crezcan nuevas flores.

Las polillas son importantes para la naturaleza. Cuando las polillas se alimentan del néctar de las flores, los diminutos pelitos que recubren su cuerpo, antenas y alas recogen el polen de las flores. Luego, la polilla va a otra flor donde deposita este polen y recoge polen nuevo. Esto ayuda a polinizar las flores para que puedan reproducirse. Como la mayoría de las polillas son nocturnas, son uno de los polinizadores más importantes de las flores que florecen de noche. Las polillas también sirven de alimento para otros animales más grandes, como los murciélagos.

¡Visita www.av2books.com para disfrutar de tu libro interactivo de inglés y español!

Check out www.av2books.com for your interactive English and Spanish ebook!

1 **Entra en www.av2books.com**
Go to www.av2books.com

2 **Ingresa tu código**
Enter book code

D499384

3 **¡Alimenta tu imaginación en línea!**
Fuel your imagination online!

www.av2books.com

Published by AV² by Weigl
350 5th Avenue, 59th Floor New York, NY 10118
Website: www.av2books.com   www.weigl.com

Library of Congress Control Number: 2014949827

ISBN 978-1-4896-2715-5 (hardcover)
ISBN 978-1-4896-2716-2 (single-user eBook)
ISBN 978-1-4896-2717-9 (multi-user eBook)

Printed in the United States of America in North Mankato, Minnesota
1 2 3 4 5 6 7 8 9 0 18 17 16 15 14

112014
WEP020914

Project Coordinator: Jared Siemens
Spanish Editor: Translation Cloud LLC
Art Director: Terry Paulhus

Weigl acknowledges Getty Images as the primary image supplier for this title.